Zur See und auf den Wellen

von Roland Blatt

Zur See und auf den Wellen

von Roland Blatt

Heitere und skurrile Gedichte für Segler, Seefahrtinteressierte und vergnügte Mitglieder von Wassersportvereinigungen aller Art.

Copyright: 2018 Roland Blatt
Satz und Umschlaggestaltung: Werbung-sh, Rendsburg
Herstellung und Verlag: BoD- Books on Demand,
Norderstedt – ISBN 978 3746 076591

Weitere Bücher von Roland Blatt:
Auf dem Schulschiff – und andere Geschichten aus dem Seesack,
ISBN 978-3-8482-0509-7, 2. Auflage
Auf der GORCH FOCK ... gestrandet in Portugal und andere
Geschichten aus der Backskiste
ISBN 978-3-8448-8183-7
Als Minensucher im Kalten Krieg
ISBN 978-3-7347-9626-5, 2. Auflage
Schleswig-Holstein Geschichte kurz und bündig
ISBN 978-3-8482-0930-9

Advent in Süderstapel

Es ist Nikolaustag. Das einzige Boot, das im verschneiten Eider-Hafen von Süderstapel noch im Wasser liegt, ist bewohnt von einem Weltumseglerpaar, das nach Jahren der Seefahrt in diesem kleinen Ort in Schleswig-Holstein überwintert und nun den Advent begeht:

Die Nacht ist still, die Sterne blinken.
Schneeflocken lautlos nieder sinken
auf jenes Schiff, das hier nach weltweit ausgedehnter Fahrt
in Süderstapel seinen Liegeplatz gefunden hat.
Es ist zum ersten Mal seit langer Zeit
von vorn bis hinten gänzlich eingeschneit.
Selbst auf dem Mast-Topp, wo das Fockfall läuft,
hat sich der Schnee schon ziemlich angehäuft.
Doch da - vom Boot, vom Bulleye her - durchbricht
des Hafens Dunkelheit ... ein schwaches Licht!

Denn dort in der Kajüte sitzt bei Kerzenschein
die Skipperfrau! Sie ist jedoch nicht ganz allein,
denn eben grad´ in dieser Nacht
hat sie den Skipper kaltgemacht!
Der Herr Gemahl war lange allzu streng gewesen,
von diesem Tage sollt´ er nimmer mehr genesen.
Mein Gott! Wie lange hatte er genervt,
das Messer war seit Wochen schon geschärft!
Doch erst am Tag zuvor, da war es endlich raus:
„Am Niklausabend mach´ ich ihm ... den Nikolaus!"

Und als die Möwe, endlich müd´ und satt,
genau wie´s Fischlein Feierabend hatt´,
da ging sie kurz mit sich zu Rat
und schritt energisch dann zur Tat.
Mit dem Signalgewehr hat sie ihm durch die Brust geschossen
und mit dem Marlespieker nochmal kräftig nachgestoßen,
dann mit des Ankers Reitgewicht
ein Schlag, sodass der Schädel bricht!
Der Skipper wankt, kommt aus dem Lot.
Dann fällt er um, ist mausetot!

Es ist der Seehund, der - soeben vom Geräusch geweckt -
nun zwanglos und behaglich seine Vorderflossen reckt.
Er räkelt sich, das tut der Seehund gerne,
am Himmel glitzern unverändert hell die Sterne,
doch tief in der Kajüte, unverdrossen,
wird nach wie vor des Skippers Blut vergossen.
Des Skippers Leich´ muss zügig nun verschwinden!
Sie stört - zum Beispiel beim ... Adventskranzbinden!
Nun muss die Skipperfrau sich aber sputen,
den Gatten gut und sauber einzutüten.

Sie hat ihn schnell, bevor das Blut geronnen,
nach alter Anglersitte ausgenommen.
Sie arrangiert danach die Glieder akkurat,
wie es der Herr Gemahl zuvor noch niemals tat,
entbeint und portioniert ihn hoch bis an die Ohren,
und alles, was genießbar ist, wird eingefroren.
Die Reste packt sie ein - so abends gegen 10 Uhr 4 -
und stellt sie schon mal griffbereit nach draußen vor die Tür,
um sie, soweit es geht an diesen Tagen,
alsbald danach von Bord hinfort zu tragen.

Da tönt von fern die Hafenpforte!
Wer kommt so spät zu diesem Orte?
Wer ist es, der in später Nacht
im Hafen seine Runde macht?
Es ist der Hafenmeister
- ich glaube, Jürgen heißt er!
Er sah das Licht und eilte dann
zu fragen, ob er helfen kann.
„Ja guter Mann, da gibt´s noch etwas zu entsorgen,
die Müllabfuhr, die kommt ja viel zu früh am Morgen!"

Da nimmt der Hafenmeister
- ich glaube, Jürgen heißt er -
geduldig Pack für Pack entgegen,
um alles sorgsam abzulegen.
So wird der Skipper - vorschriftengemäß! -
sortiert im Gelben Sack und Müllgefäß.
Ach ja, wie ist es doch so schön an solchen Tagen,
den Hafenmeister hilfsbereit zur Hand zu haben!
Doch übrigens … die Knochen,
die kriegt sein Hund, der Jochen.

Der Hafenmeister macht sich auf den Weg,
das Boot liegt weiter tief verschneit am Steg.
Selbst auf dem Mast-Topp, wo das Fockfall läuft,
hat sich der Schnee schon ziemlich angehäuft.
In dem Salon jedoch, bei Kerzenschein,
da sitzt die Skipperfrau, … endlich allein!
Vor sich ein schönes Glas mit Wein,
so friedlich soll es immer sein!
Sie ist ein wenig eingedöst -
wie schön, wenn ein Problem gelöst!

Die Sternlein spiegeln in der Eider,
doch für den Skipper nicht mehr - leider!
Denn der hat nun die Ruh´ gefunden,
man merkt es schon seit vielen Stunden:
Kein Streit an Bord,
kein einz´ges Wort!
Kein Hauch, kein Ton, kein Laut im Hafen,
denn Tiere, Menschen - alle schlafen.
Der Seehund schläft, auch Hecht und Jau, der Kabel.
Man merkt: Es ist ... Advent in Süderstapel!

P.S.:

Süderstapel dürfte allseits bekannt sein. Dem, der es nicht kennt,
sei gesagt: Es handelt sich um einen an der Eider gelegenen Ort
mit einen kleinen Hafen, der jedoch über die „Seeschifffahrtsstraße
Eider" mit den Meeren der Welt verbunden ist. Und so ist es nicht
verwunderlich, dass auch weltweit fahrende Yachten den Weg nach
Süderstapel finden. So auch in diesem Fall.

Das Gedicht entstand unter dem Eindruck des bekannten
Weihnachtsgedichtes von LORIOT (Vicco von Bülow).

Der Skipper

Der Skipper, damals jung an Jahren,
ist oft und weit zur See gefahren.
Dabei, des Skippers e i n e s Hobby war ... das Segeln,
des Skippers a n d e r e s jedoch, ... das war das Vögeln.
Von letzterem bekam der Skipper
im Puff von Panama ... den Tripper.

Der Arzt, umgehend aufgesucht und konsultiert,
kaum hatte er die Krankheit diagnostiziert,
erklärte nun dem äußerst irritierten Skipper:
„Es handelt sich … um einen ordinäreren Tripper!
Der kommt ... normalerweise nur ... vom Vögeln!
Geh´n Sie in Zukunft ... ohne Vögeln Segeln!"

Der Skipper unterließ fortan das unsortierte Vögeln,
ganz allgemein, jedoch besonders unterwegs beim Segeln.
Er tat dies nur noch in bekanntem Rahmen
mit ihm persönlich vorgestellten Damen.
So war er diesbezüglich auskuriert,
dafür hat er ... das Saufen ausprobiert!

Lustbootreise nach Karlshamn

Zwei Knaben gingen einst auf große Sommersegelfahrt.
Der eine war der Kapitän, der andere der Maat.
Im Lustboot sollte es bis hoch nach Schweden geh´n,
wo Lustboothäfen dicht an dicht am Ufer steh´n.

Doch vor dem Lustboothafen von Karlshamn,
- denn Lustbootreisen waren das Programm! -
da machten sie nicht weit entfernt am Anker fest,
vergnügten sich beim Bade für des Tages Rest.

Doch nun zurück an Bord, ganz nackt und nass,
- ich sah es aus der Ferne mit dem Glas -
man war zur Trocknung grade in der Plicht
im sommerwarmen Abendsonnenlicht.

Der eine Knabe - stramm und stark und alles dran,
ein ganzer Kerl, fast schon ein ausgereifter Mann,
der sah des andern wohlgeformten Rücken
voll Lust und sichtbar wachsendem Entzücken …

und war sogleich erotisiert - im Fernglas gut zu seh´n,
genau gesagt, ich sah: Er hatte … „mächtig einen steh´n"!
Der andre Knabe aber war - im Brustbereich besonders
und auch im Hinblick auf den Körperbau - ein wenig anders.

Jedoch, was ich bisher nicht wusste:
Dieser Knabe hieß Auguste!
So war es eine Lustbootreise
auf eine lustbetonte Weise!

Die Einhandsegelfahrt

Im Sommer war ich auf dem Einhandsegeltörn,
ich glaube jetzt, Ihr wollt davon ein wenig hör´n.
Nun denn: Ich lag mit meinem Boot im Hafen
und hatte grade bestens ausgeschlafen,
da klopft es heftig, kräftig vorn am Schiff,
ich dachte schon, ich laufe auf ein Riff!
Nein! Nein! Es war der Hafenmeister,
ich glaube diesmal, Wolfgang heißt er.

Ich springe auf, ich zieh mich an und gehe raus,
bezahl, geh unter Deck und zieh mich wieder aus.
Doch in der Koje mach ich mir´s nochmal bequem,
denn in der Koje ist es warm und angenehm.
Dann wird es aber langsam Zeit, jetzt wirklich aufzusteh´n,
um nun zur Körperreinigung ... ins Badehaus zu geh´n.
Dort ziehe ich mich wieder gänzlich aus
und stelle mich gemütlich in die Braus´.

Ich dusch solang ich duschen kann,
dann ziehe ich mich wieder an.
Zurück an Bord - ich mach das Boot zur Ausfahrt klar,
sind doch der Himmel blau und große Wellen rar.
Ich laufe aus, der Wind die Segel bläht,
ich hoffe doch, ich bin noch nicht zu spät.
Zur Mittagszeit die Sonne brennt vom Himmelszelt,
es ist nunmehr die Kühlung, die bisweilen fehlt!

Ich lass das Segeln erst mal bleiben
und lass das Boot ein wenig treiben.
Dann lege ich die Kleidung ab und zieh mich völlig aus,
nehm´ in der See ein kühles Bad ... und komme wieder raus.
Dann ziehe ich mich zügig wieder an
und fange auch das Segeln wieder an.
So könnt´ es erstmal weiter gehen,
jedoch ... der Wind fängt an zu wehen!

Der Himmel grollt, bedrohlich ziehen Wolken ran,
ich zieh mir Mütze, Ölzeug, Gummistiefel an.
Der Regen peitscht, die See geht ziemlich hoch,
ich halt das Boot auf Kurs ... so eben noch.
Und langsam werden meine Hände kalt,
ich brauch jetzt Handschuh´ - aber möglichst bald!
Trotz Wind und Wetter hab ich alles gut im Griff,
doch plötzlich gibt es etwas Neues auf dem Schiff!

Die Blase drückt, es juckt mir jetzt der Po -
ich glaub, ich muss ... jetzt dringend mal aufs Klo.
Ich nehm´ die Segel weg und drehe bei,
so ganz geheuer ist mir nicht dabei!
Doch gut, dass ich im Boot das See-WC jetzt hab,
derweil: Ich lege reichlich Kleidung wieder ab!
Nach dem Geschäft, da seh ich zu,
zieh ich mich wieder an im Nu.

Zurück in Mütze, Ölzeug und in Gummistiefeln,
was werden abends meine Füße wieder miefeln!
Das Boot, jedoch, ist außer Kurs geraten:
Hart Steuerbord! Das kann nicht länger warten!
Danach ist endlich alles wieder klar
bei mir und auf ... „Andrea Doria"!
Wie lange soll das Segeln heut´ noch geh´n?
Ich möchte langsam mal den Hafen seh´n!

Die Bootsmarina - da voraus, da ist ja eine!
Ich fahr hinein, leg´ an, belege meine Leine.
Die Plichtpersenning wird nun eingeklinkt,
das Ölzeug wird zur Trocknung aufgehängt,
und unten im Kajütenhaus,
da ziehe ich mich wieder aus!
Ich sitze grad´ so schön entspannt,
den Becher heißen Grogs zur Hand, ...

da klopft es heftig, kräftig vorn am Schiff,
ich dachte schon, ich laufe auf ein Riff!
Nein, nein! Es ist der Hafenmeister!
- Ich glaube diesmal, Erwin heißt er! -
Ich zieh das Ölzeug wieder an,
kraxle nach vorn, bezahle dann,
bin wieder unter Deck zu Haus:
Dort ziehe ich mich wieder aus!

Das Abendessen ist gerade mal vorbei,
vom Rindfleisch gab´s etwas, ... dazu Kartoffelbrei.
Ich will zur Ruhe mich begeben, doch indessen
ich glaub, ich habe da noch irgendwas vergessen!
Ich geh an Land ins Badehaus -
dort ziehe ich mich wieder aus!
Dann kämmen, Zähne putzen, waschen unterm Arm
und nach der Trocknung … ziehe ich mich wieder an!

Im Boot, noch kurz, die S M S an meine Maus,
danach jedoch, dann ziehe ich mich wieder aus!
Todmüde lege ich mich hin zur Ruh´
und mache beiderseits die Augen zu!
Doch in der Nacht: Ein Traum, oh Graus!
Ich zieh mich an, … ich zieh mich aus!
Ich zieh mich ... immer schneller wieder an,
damit ich mich … noch schneller auszieh´n kann!

Ob ich ... das jemals noch vergessen kann?
Fast eine Woche schon, die so verrann!
Zehn Tage noch, so lange dauert diese Tour -
das An- und Ausziehen ist ja regelrecht Tortur!
Solch eine hochgelobte Einhandsegelfahrt
scheint mir dann doch auf Dauer etwas reichlich hart!
Und manchmal denke ich - ich glaub es jedoch kaum:
All das ist nur … ein böser Einhandsegel-Traum!

Die Jahreshauptversammlung

Bei jedem Club, der dampft und segelt,
ist amtsgerichtlich klar geregelt:
Die Jahreshauptversammlung, hier - wie fern in Minden,
sie hat zumindest einmal jährlich stattzufinden.
In unsrem Fall, das ist vollkommen klar seit langem schon:
Wir treffen uns wie letztes Jahr im Bratfisch-Pavillon!

Das Tagespunkt-Programm, bereits vor Tagen vorbereitet,
es war wie immer email-mäßig allen zugeleitet.
Um allseits pünktliches Erscheinen wird gebeten,
um 19 Uhr, und zwar nicht ohne die Moneten,
die für den vollen Jahresmitgliedsbeitrag sind zu blechen,
beziehungsweise für ein Bier, um zwischendurch zu zechen.

Dann geht es pünktlich los, die Glocke hat geklungen,
der Präsident ist zur Begrüßung aufgesprungen.
Er sagt ganz laut: „Willkommen liebe Freunde des Vereins!"
Das ist bereits der Text des Tagesordnungspunktes 1!
Dann folgt die Nummer 2, … bloß nicht vergessen:
das Jahreshauptversammlungsarbeitsessen!

Für Segel- und Motorbootsparte -
das Essen gibt es à la carte:
den Nordsee-Fisch, gebraten und gesotten,
dazu die weltberühmten „Kieler Sprotten".
Jedoch zu solchen Speisen rat ich Dir
zur besseren Verdauung: … kühles Bier!

Ist dann das Essen gut und sättigend beendet;
es wird wie jedes Jahr vom Kassenwart gespendet!
Punkt zwei ist damit abgehakt,
Punkt drei auf der Tabelle naht:
Bericht des Erst-Vorsitzenden, ganz wichtig:
Nur so ist Jahreshauptversammlung richtig!

Doch der Bericht ist wahrlich seitenlang:
Das Wetter uns zu Änderungen zwang!
Manch´ Vorhaben … konnt´ leider nicht erfolgen
auf Grund von Kälte, Nässe, Regenwolken.
Die Mitgliedsliste konnte kaum verlängert werden,
warum das ist, das will man später noch bewerten.

Es folgt der Kassenwart mit seiner großen Rede,
„Die Kasse stimmt!", das sagen ohne Unterschiede
die beiden Kassenprüfer, die zuvor massiv
die Kasse hatten durchgeprüft, ganz intensiv!
Und diesen Worten muss man Glauben schenken,
ganz ohne weitergehende Bedenken!

Der Schriftwart seinerseits gibt nun Bericht,
Bedenken hat man hier desgleichen nicht!
So kommt die Jahreshauptversammlung überein:
Entlastung aller muss jetzt ... hier und heute sein.
Doch dann ist Pause, jetzt ein Bier,
die Luft, die scheint so trocken hier.

Der nächste Punkt nun zur Debatte steht:
Wird nun der Präsident erneut gewählt?
Der Schriftwart ebenfalls ist neu zu wählen,
doch auch die Wiederwahl kann diesmal zählen.
Wir wollen der Versammlung heute hier nicht nehmen,
sich höchstpersönlich zur Entscheidung zu bequemen.

Es folgen nun die Tagesordnungspunkte vier bis zehn,
dann werden wohl die Allerersten schon nach Hause geh´n.
Der letzte Punkt, das ist bekannt und allen klar:
Gemütliches Beisammensein, wie jedes Jahr.
Ein Schnaps, ein Bier, da gibt es keinerlei Pardon,
die trinkt man jetzt aufs Wohl der kommenden Saison!

So geht die Jahreshauptversammlung jetzt zu Ende,
man hofft, dass es sich nun ... im Club zum Bessr´en wende.
An Mitgliedschaft viel mehr ... als in dem letzten Jahr
und eine Segelsportsaison, ganz wunderbar.
Dann nichts als Sonnenschein und Wärme auf der großen Fahrt,
das wünscht man sich und merkt bereits: Der Sommer naht!

When nun the sun shines wunderbar …

When nun the sun shines unaufhörlich wunderbar
und alle Süderstapler Skipper happy are,
wenn alle Boote on the water sind,
hat man sich really einen Drink verdient.
Denn dann, you know: Es ist jetzt nun so weit,
die wunderschöne Sommersegelzeit!
Und alle Members kommen jetzt together,
manchmal sogar … bei nicht so gutem Wetter.
„Oh, what a feeling", sag ich dir: „Hör zu und listen,
when first time in the season wir die Flaggen hissen!"

Der Stapelholmer Yacht Club ist erwacht,
weil draußen endlich mal die Sonne lacht.
Adrenalin schießt jedem in die Knochen,
wie lange nicht seit vielen, vielen Wochen.
Die Boote werden gut und intensiv poliert,
und alle Members scheinen heute frisch rasiert.
Ja, hier und da und dort: Mo**tore** werden angelassen,
und hinten sieht man jemanden die Segel heftig brassen.
Danach ein Drink an Bord und Small Talk auf der Pier!
So ist - inoffiziell! - Saisoneröffnung hier.

Jedoch next morning - jeder merkt es bald,
dass vieles noch an Ausrüstung jetzt fehlt.
So manche Kataloge werden durchgecheckt,
wo man fast überall was Fehlendes entdeckt.
Im Auto fährt der Skipper in die nächste Town,
um sich das Allerneuste davon anzuschauen.
Er rennt nun hin zum Segelyacht- und Bootsausrüster:
Ein Anker neu, im Pack mit einem Lüftungspüster,
dazu ein Beiboot, rot und inflatable
mit Blasebalg, eindeutig komfortabel.

Dann noch in gleicher Farbe flotte Sneaker,
so was gehört dazu, soviel ist sicher!
Wer kann schon sagen:„Thanks, I have bereits a lot"
bei diesem super Super-Sonder-Angebot?
Drum kauft man vieles noch, meist bunt und very nice,
und obendrauf noch jede Menge andren Scheiß!
Und alles, was der Skipper doesn´t really need,
das braucht er nun, und läuft sich dafür wunde Feet -
perhaps … bei AWN und Compass factory!
Er kauft that all … nur für: Regatta-Victory!

Er kommt zum Steg mit vielen vollen Taschen,
um all the things am Boot jetzt festzulaschen.
Dann geht es unverzüglich los,
ganz easy, busy und famos,
und alles, was gekauft, wird angebaut!
Vielleicht ist manches vorher schon geklaut,
vielleicht ist manches auch schon „ausgelieh´n",
dann wird man es … so schnell nicht wiederseh´n!
Egal: Mit Kraft und many much ideas
wird heftig rangeklotzt, so kennen wir´s!

Was nicht gebraucht, das fliegt jetzt auf den Steg
und liegt da - very, very bad! - im Weg.
Doch später soll das alles hin zum Schrott-Container,
nobody knows - vielleicht gebraucht es ja noch einer?
Wird´s jetzt bei harter Arbeit very hot,
geht dann der Skipper baden - very flott.
He springs down in the Eider-River
und schwimmt nach Dithmarschen hinüber.
Zwar ist … the water at the moment fucking cool,
doch macht es frisch und fördert innerlich den „Stuhl".

Danach ist Coffee break, die hat man sich verdient,
samt Waffel-Cakes im Fruit-Geschmack von Doubble-Mint.
He starts the power-coffee-koch-machine
und kocht nach Art vom „Coffee House Berlin",
mit heißer Milch und Cappuccino-Cream,
denn so ... nur schmeckt´s am allerbesten ihm.
In der Kajüte sitzt er nun und schlürft,
derweil the sun schon lange Schatten wirft.
Dann wird es aber Zeit, the work must going on,
denn es ist schon ... fast five o´clock im Afternoon!

Er geht nun raus upon the deck
und macht im Mast a short quick check.
Er prüft above die schwarzen Anchor-balls,
then he ... von oben von der Leiter falls!
Vernehmlich krachend landet er an Deck
und haut noch something von der Reling weg.
Das Bein ist beinah nearly abgebrochen,
dazu: the blood is running in die Socken.
„Das ist enough", denkt er, „the work - für heute - is nun done!"
Und sagt: „I say to you, was mich der Ankerball jetzt kann!"

Die Beinverletzung ist jedoch not very schlimm,
mit Schnellverband kriegt man das sicher wieder hin.
Das Radio an Bord … is playing all the time,
wär´ nicht der Schmerz, es wär´ so schön, an Bord zu sein.
Eighteen o´clock! Jetzt kommt der Hafenmeister auf die Pier,
because: Er ist der Oberboss und Supervisor hier!
Vielleicht kommt er noch for a little drink an Bord,
doch leider, leider! Eilends muss er wieder fort:
„No time!" - „ Doch zwei, drei Mümmelmann im Stehen?"
„Why not? - Allright! Das muss dann doch noch gehen!"

When in the evening … der kleine Hunger comes,
haut er sich zwei, drei Spiegeleier in den Wams.
Dazu ein Brot mit Zwiebeln und mit Corned Beef,
dann lüftet er, … because the very ugly Mief!
Und by the way, vielleicht eventuell dazwischen,
schaut er today ein bisschen in the television.
Doch alles, was er sieht da draußen in der Welt,
das dreht sich meistens nur um Macht und Mord und Geld.
Ob Krieg, ob Krach - das ist zwar wirklich nicht o.k. -
doch hier an Bord ist alles ziemlich far away.

Tonight, der Skipper sitzt gemütlich in der Plicht
bei einem „Beugel-Buddel-Bier" und Kerzenlicht.
Die ganze Welt um ihn herum ist sanft und still,
doch innerlich, da schafft er noch am Ankerspill.
May be, es gibt noch einiges zu tun, you know,
jetzt aber heißt es nur: relaxen - oder so!
Am Himmel oben sind … the starlight and the moon,
jedoch an Bord, da wird der Skipper langsam dun.
Er geht hinunter … downstairs in the cabin now,
und denkt: „Lass nach damit, sonst wirst Du richtig blau!"

So geht ein lucky day zu End´,
before he goes to bed und pennt.
Der Skipper hat - may be - a little dream,
denn das passiert zuletzt recht oft bei ihm!
Vielleicht, er träumt, er ist einmal Regatta-winner
und segelt dann nach Friedrichstadt zum Schinkendinner.
Wir wünschen ihm nun gute Ruh
mit all the night die Augen zu.
Und for the season of the year, da hoffen wir
auf: Mast- und Schotbruch und … auf always kühles Bier!

Doch zur Saisoneröffnung machen wir es uns bequem
mit guter Laune, flottem Zwirn, und dies und das und dem,
und speisen herrschaftlich und komfortabel,
im Festsaal „Gasthof Sievers", Norderstapel!
Dazu ein kühles Bier, vielleicht auch ein Glas Wein,
eventuell schenkt uns der Kassenwart noch einen ein!
So wünsche ich, das sag´ ich unumwunden,
uns allen hier gemütlich-schöne Stunden.
Dazu hab ich den Wunsch, der für uns alle werde wahr:
Doch endlich wieder mal ein Super-Sommer dieses Jahr!

Jamaika-Rum

Es ist derzeit … schon unverhältnismäßig lange her,
man sieht es ihm fast gar nicht an, da fuhr er mal zur See.
Doch irgendwann, da gab er´s auf, die Seefahrt war zu schwer,
noch heute nimmt er ab und zu Jamaika-Rum zum Tee.

Der Esel pupt, die Katze scheißt!
Noch lebt der alte Seemannsgeist!

Er ging von Bord, er ging an Land, und täglich punktgenau zu Tisch.
So richtig gut war´s trotzdem nicht, und trocken war so oft die Luft.
Er machte seinen Job, war familiär, und freitags gab es Fisch.
Wo war die See, wo war das Meer, wo war der salzig-feuchte Duft?

Der Esel pupt, die Katze scheißt!
Wo blieb der alte Seemannsgeist?

Er kaufte sich ein Segelboot und stach, so oft es ging, in See.
Fast war es so wie damals auch, jedoch besonders in der Nacht.
Doch dann im Hafenrestaurant, da gab´s Jamaika-Rum zum Tee.
So hat er jahresurlaubsplangemäß die freie Zeit verbracht.

Der Esel pupt, die Katze scheißt!
Er kam zurück, der alte Seemannsgeist!

Nun ist er alt, gebrechlich fast, ein bisschen schon ein Greis,
und dann die Treppe hoch, ... er pustet und er schnauft.
Die Knie tun weh, das Geh´n fällt schwer, die Haare sind so weiß.
Das Boot? ... Das ist vorbei, es ist bereits verkauft!

Der Esel pupt, die Katze scheißt!
Wohin nur mit dem alten Seemannsgeist?

Dann steigt er in sein Wohnmobil, fährt hoch nach Kiel ans Meer.
Er spürt den Wind, er riecht den Duft, blickt lange auf die See.
Da fühlt er sich ganz federleicht, nichts ist ihm mehr zu schwer,
und abends auf dem Swutsch, da gibt´s Jamaika-Rum zum Tee!

Der Esel pupt, die Katze scheißt!
Noch lebt der alte Seemannsgeist!

Nächtliche Begegnung

Auf meinem Boot, da stehe ich auf Wacht,
geräuschlos segele ich durch die Nacht.
Die Wellen rauschen, schwach erhellt vom Steuerlicht,
am Wasserpass vorbei, ich wache in der Plicht.

Die Nacht ist schwarz und still, der Himmel überwiegend klar,
der Wind ist mäßig, Sterne zeigen sich nur hier und da.
Der Seegang ist in Nah´ und Fern gering genug,
und selten klatschen Wellen spritzend über´n Bug.

Voraus: Ein Dampfer kommt in Sicht!
Noch sieht man nur sein Dampfer-Licht.
Die Peilung steht, man nähert sich auf Kurs der Kollision,
die Seitenlichter zeigen rot und grün, ganz nahe schon.

Vorübergehend dreh´ ich an nach Steuerbord,
und strebe hin zu einem ausgewählten Ort,
der Sicherheit gewährt vor Kollision,
gemäß dem Regelwerk Navigation.

Als Schatten unter seiner Lichter Lichterkranz
passiert das große Schiff - querab auf Nahdistanz,
fast lautlos wie ein Geisterschiff auf See
an meiner Backbordseite, gut in Lee.

Der Dampfer ist vorbei und zeigt sein Heck,
doch jetzt erst hört man Stimmen hoch vom Deck.
Motor- und Schraubenschlaggeräusche dringen an mein Ohr,
unwirklich fern, fast wie bei einem Geisterstimmenchor.

Mein Boot passiert verhältnismäßig dicht am Heck,
des Schraubenwassers Wellen klatschen wild an Deck.
Die Segel schütteln sich bis hoch ins Rigg,
auf diesem aufgeregten Wasserstück.

Dann bin ich durch, erneut allein auf freier See.
Das Boot, auf altem Kurs und leicht geneigt nach Lee,
es gleitet lautlos durch die Nacht.
Mich friert auf dieser langen Wacht.

Der Dampfer dort zieht seine Bahn, schon fern und weit,
die Lichter schimmern nur noch durch die Dunkelheit.
Auf meinem Boot ist es fast unbeschreiblich still,
nur zweiunddreißig Meilen sind es noch bis Kiel!

Sturm in der Eiderschleife

Fährt man zu Schiff die Eider hoch von Friedrichstadt,
und wenn man dann die große Eiderschleife vor sich hat,
wo Wasser und der Himmel aufeinander treffen
und wo fast alle Segler ihre Segel reffen,
kommt man nach Süderstapel am berühmten Eiderstrand.
Es ist die Perle in dem ganzen Stapelholmer Land,
das oft genug mit Sonnenschein gesegnet,
besonders, wenn es grade mal nicht regnet.
So manches Schiff kommt her auf alten Schifffahrtswegen,
um deshalb eben hier … im Hafen anzulegen.

Dort bei der großen Schleife an der Eider,
hoch überm Wasser, wo die Eider breiter,
da ist, jedoch erst nach Erklimmung vieler Stiegen,
das Gasthaus „Eiderschleife", wirklich schön gelegen.
Und hier, in diesem Hause tagte einst zum Sommerschluss
des Bürgermeisters kommunaler Wassersport-Ausschuss.
Gerade eben war man dort zum Ende angekommen
und hatte noch ein Gersten-Kaltgetränk zur Brust genommen,
in dem Moment erschien, in Bootsbekleidung, ganz salopp,
der Präsident vom örtlich eingesess'nen Sportbootclub.

„Dat is ja scheun, sett di man dol!
Wir trinken gerne auf dein Wohl!
Es wäre schön, Du könntest uns berichten
von eurem Club und dessen See-Geschichten!
Damit die Zunge ordentlich geschmiert,
bekommst Du gleich einmal ein Bier serviert!"
Die Herren der geneigten Ausschuss-Runde
erhoben nun gespannt das Glas zum Munde.
Der Präsident, so bestens motiviert,
hob an, erzählte los, ganz ungeniert:

„Das SEEKAIBI, ein Sportboot, ziemlich rank und klein,
kam von der Ostsee in die Kieler Förde rein,
und lief danach zur Holtenauer Schleuse ein,
um vor der Nacht im Borgstedt-Hafen fest zu sein.
Jedoch, der Skipper rutschte aus und stürzte,
was zwar sein Leben nicht direkt verkürzte,
jedoch er brach sich fast beinah den Arm!
Der hing jetzt runter, schwer verletzt und lahm,
nur knapp versorgt mit Pflaster und mit Schnellverband,
hoch oben von der Schulter … runter bis zur Hand.

Die Fahrt auf dem Kanal, die musste dennoch weiter geh'n,
denn Hilfe war, da er allein, bei weitem nicht zu seh'n.
Am nächsten Tag, voraus die Schleuse Gieselau,
dort bog er ein und stoppte vor dem Schleusenbau.
Erst nach der Öffnung fuhr der Skipper ein und machte fest,
was jetzt noch kommt, so dachte er, ist routinierter Rest.
Er hat ein wenig seinen Blick geschwenkt,
kurzum, er war ein wenig abgelenkt!
Ein Fehler, den doch tunlichst sollte man vermeiden,
da sonst Gefahr besteht, dass Schiff und Mannschaft leiden!

Doch, wie gesagt, das Wasser fiel, das Tau kam stramm.
Was konnte er noch tun mit seinem lahmen Arm?
Das Boot lag schon …ganz schräg im Schleusenbecken,
der Skipper sah´s … mit wachsendem Erschrecken!
Doch kurz bevor die Klampe aus dem Deck gerissen,
hat er - in höchster Not - den Tampen durchgebissen!
Die Zähne hielten nur so eben der Belastung stand,
doch waren sie an allen Schneidekanten angebrannt!
Zwar leicht lädiert, doch ohne Festmachkabel,
so kam der Skipper hoch bis Süderstapel."

Der Pastor war inzwischen auch hinzugekommen
und hatte grade eben seinen Platz genommen.
Er war erschüttert und beinahe schreckerstarrt,
denn was er hörte, fand er deutlich mehr als hart!
Emotional berührt ... erhob er sein Brevier,
und spendete … der ganzen Runde noch ein Bier!
Das wurde allseits zweifelsohne gerne angenommen,
der Präsident hat selbstverständlich auch davon bekommen!
Auf diese Weise in der Kehle zart und frisch geschmiert,
erhob der Präsident erneut das Wort, hochkonzentriert:

„Die WINDSPIEL stand bei Helgoland,
backbord voraus der Heversand.
Man fuhr ganz brav und sinnig vor sich hin
und hatte beste Laune nur im Sinn,
da rammte dieses stolze Schiff ganz plötzlich und frontal,
zur Überraschung aller … einen riesenhaften Wal!!!
Der Wal - das ist im großen Ganzen kaum verständlich -
biss in die Reling und verhielt sich mehrfach schändlich!
Gleich dreimal schlug der Wal ganz teuflisch auf das Boot,
stark blutend trieb er ab, ... und plötzlich war er tot!

Die See ging hoch, die Wellen schlugen,
an Bord ging alles aus den Fugen.
Sehr schwer verletzt und voller Schrammen
entkam die Mannschaft diesem Rammen.
Doch flächenmorphologisch waren Deck und Außenhaut
rein optisch - und dazu auch strukturell - total versaut!
Trotzdem, das sieche Schiff erreichte - Gott sei Dank! -
die Eidermündung südlich der St. Peter-Bank.
Danach, mit vollem Einsatz, Kraft und viel Geschick,
war endlich man am Süderstapler Liegeplatz zurück."

Die Herren waren völlig sprachlos vor Bestürzung,
von wegen dieser Seefahrtsqualitätsverkürzung.
Was für ein Schrecken noch zu dieser späten Stunde!
Jedoch die Stärkung nahte mit der nächsten Runde!
Randvoll! ... Jawohl! ... So schenkte man sich ein,
meist Bier und Schnaps, nur einer rief nach Wein.
Der Präsident, der war jetzt gut in Fahrt,
hob wieder an und strich sich übern Bart.
Er räusperte ein wenig noch,
die Spannung stieg, dann ging es doch!

„Die PEMKA - so der Name dieser Yacht,
vor Jahren hat sie bei uns festgemacht -
im Kattegat in starkem Sturm ... sie fuhr
entgegen allen Mächten der Natur
mit Power und mit voller **Mo**torkraft
und hatte schon ein Stück des Wegs geschafft,
da kam - ich sag ´s, wenn man es mir erlaube -
ein herrenloser Tampen in die Schraube!
Der **Mo**tor stand! Das Schiff, es rollte schwer im Sturm,
denn gegen Neptuns Kraft, da ist der Mensch ein Wurm.

Doch dann: Pechschwarze Wolken drohten in der Kimm!
Der Wind nahm zu, die Wellen wurden wirklich schlimm,
denn haushoch rollten sie von Norden an!
Doch was - verdammt noch mal! - geschah bloß dann?
Denn keiner weiß genau, was war!
Nur eines, das ist sonnenklar:
Kieloben! ... Ja, so hatte man das Boot gesichtet!
Doch wie von selbst ... hat es sich wieder aufgerichtet!
Die Mannschaft, die dem Tod so eben von der Schippe sprang,
sie fuhr das Schiff danach zurück - jetzt an der Küste lang."

Der Wassersport-Ausschuss war völlig konsterniert,
er war von diesem Schicksal mehr als stark berührt.
Fast nur der Not gehorchend wurde jetzt geordert,
der Präsident war jedenfalls erneut gefordert:
„Die SIRIUS stach wohlgemut in See,
sie hatte grade Friedrichstadt in Lee,
da lief sie auf die Sandbank auf.
Die Ebbe nahm nun ihren Lauf,
so saß man hoch und fest, vollkommen abgeschlossen,
die ganze Nacht bei Kälte, Nässe, hochverdrossen!

Die Lebensmittel, knapp bemessen,
die waren baldigst aufgegessen.
Da fing man sich mit Hand und Schal
per Zufall ... einen fetten Aal.
Des Fisches Gräten wurden rausgerissen
und gierig in das rohe Fleisch gebissen.
So überstand man diese wahrhaft große Not,
bis dann die Flut kam ... und sich Weiterfahrt erbot.
Doch leider war, das stellte sich erst jetzt heraus,
der Außenbordmotor defekt, er blieb jetzt aus!

So war es nur der Tidenströmung zu verdanken,
dass Schiff und Mannschaft wieder heil nach Hause fanden!"
Der Ausschuss war indes jetzt kreideweiß erbleicht,
da war zum Glück die nächste Runde schon gereicht.
Der Bürgermeister, tief im Herzen heiß ergriffen
von all dem Unglück mit den sonst so schönen Schiffen,
bemerkte dann: „Sei doch mal ehrlich,
die Seefahrt ist ja hochgefährlich!
Mit diesen Schiffen ist ja nicht zu spaßen,
da werd´ ich wohl die Finger davon lassen!"

Der Präsident, erneut gestärkt durch Alkohol,
und dann, zumal er reichlich trank auf aller Wohl,
auch immer noch am selben Ort,
erhob die Stimme und fuhr fort:
„Die IRIS ist bei uns ein neues **Mo**torboot,
doch bei der Überfahrt kam man bereits in Not.
Der Skipper stürzte, brach sich fast den Rücken,
seit Wochen läuft der Ärmste nur auf Krücken!
So wurde ihm schon anfangs klargemacht,
dass echte Seefahrt häufig Schaden macht.

Auch bald danach, da wollt´ der **Mo**tor nicht
und Wasser stand kniehoch in Boot und Plicht!
Die Batterie war dadurch kurzgeschlossen,
und durchs Ventil kam Wasser reingeschossen.
Professionell, das sei dem Skipper hier bescheinigt,
hat er den Schaden gut und zeitgerecht beseitigt,
weil der, nur unbedeutend später als bemerkt,
ja unabwendbar schnell den Untergang bewirkt!"
Der Präsident erschien derzeit ein wenig heiser,
er nippte nur, und fuhr dann fort, kaum merklich leiser:

Die Segelyacht UNS DRÖÖM liegt meistens nur am Steg,
doch eines Tages machte sie sich auf den Weg.
Recht spät am Morgen, so vermutlich gegen elfe,
war man in etwa ungefähr ... auf Höhe Delve.
Da lief das Wasser rein, tief unten an der Welle:
Dann aber schnell! Den Daumen drauf an dieser Stelle!
Wie gut, dass Hilfe kam, mit einem Arm herangewunken,
und half, das eingedrung´ne Wasser zügig abzupumpen.
Und auch wie gut, dass man den dicken Daumen hat,
der hier in höchster Not das Schiff gerettet hat.

Dann später, als das Boot schon fest an Land
und gut gesichert in der Halle stand,
und dieses war im Jahrverlauf nur wenig weiter,
da fiel der Skipper überraschend ... von der Leiter!
Am Arm gestaucht, lädiert an Hals und Kopf,
so hing er viele Wochen lang am Tropf.
Die Kur ist um, jetzt ist er halbwegs wieder fit,
nur Schmerzen hat er noch bei jedem Schritt und Tritt.
So stellt man fest: Es sind - das ist wohl jedem klar! -
die Boote ... selbst im Winterlager noch Gefahr!

Motorboot WOTAN, damals noch ein Rettungsboot,
diversen Menschen half es einst aus Todesnot.
Dann war es aufgelegt, genau genommen nur noch Schrott,
jedoch der Eigner machte es persönlich wieder flott!
Mit ganz viel Geld und noch mehr harten Arbeitsstunden
hat dieses Boot ins Wasser nun zurückgefunden.
Doch nun in Fahrt, da läuft es noch nicht richtig rund:
Der Speed ist viel zu schwach, jedoch aus welchem Grund?
Der Gutachter, der sagte nichts, doch war die Rechnung hoch.
Jetzt kommt die neue Schraube dran, wir alle hoffen noch!

MIEN SCHIPP, so heißt das Boot, ich sag es mal salopp,
es liegt an unsrem Steg gleich vorne rechts „vor Kopp".
Vor Jahren schon auf großer Fahrt erreichte man die Schlei,
bei Schleswig allerdings, da war der Törn bereits vorbei!
Die Brücke „Lindaunis", sie war verklemmt, total defekt.
Man glaubt es kaum, die gute alte Technik war verreckt!
Drei Wochen kreuzte man dort auf und ab, sogar bei Nacht!
Drei Wochen war die Brücke außer Dienst und zugemacht!
Jedoch, bei Dunkelheit, so circa morgens gegen drei,
da war sie endlich auf, das Boot MIEN SCHIPP war wieder frei!

Mit voller Fahrt entrann man der Gefangenschaft:
„A.K. voraus!", die Schlei hinab - mit aller Kraft.
So hat, erschöpft und klaustrophobisch schwer traumatisiert,
der Skipper dann das Boot nach Süderstapel rückgeführt.
Und dort, nicht weit von dessen Liegeplatz,
da liegt ein Schiff, ein maritimer Schatz!
Fürwahr - ein echter Augenschmaus von einem Segelboot
mit Namen AMALTHEA - alles ist dort gut im Lot:
Zwei Masten hoch, aus bestem Holz, lasiert in hellem Braun,
der elegante Rumpf - in reinem Weiß, schön anzuschau´n.

Doch plötzlich fehlt dem Skipper es an kleinem Geld.
Wo ist es hin, … bei allen Herren dieser Welt?
Jetzt aber ist das Finanzielle wieder voll im Griff,
derweil: Er hat´s verkauft, das wunderbare Schiff!
Und nun, was sagt uns das - von wegen und von wessen
und ferner - bei genauerer Betrachtung dessen?
Auch Schiffe, die noch nicht einmal auf großer, weiter Fahrt,
die kosten Geld, das man zuvor so sauer hat erspart!
Man sieht: Ein Boot, und ist es noch so klein und schief,
es ist doch immer … reichlich kostenintensiv!

Ein Trawler, 40 Fuß, schneeweiß, verziert mit edlem Holz,
das Flaggschiff CONDOR - ja, es war des Eigners ganzer Stolz!
Es lag noch an der Pier, zur Seefahrt und zum Antörn klar,
zur Zeit, als es noch nicht verkauft und abgegeben war.
Es war doch nur die kleine Antörnfahrt - in frischem Lauf
nach Dithmarschen hinüber, gar nicht weit den Fluss hinauf.
Soweit war alles gut und alles bestens klar,
sogar das Essen dort, das reich bemessen war.
Jedoch die Rückfahrt war - in völlig unerhörter Weise -
zuletzt beinah noch eine schauerliche Unglücksreise!

Und das war damals so: Der Wind kam voll von vorn
und blies erheblich böig, kräftig und enorm.
Wenn dann noch gegen Wind und Wellen anzulegen ist,
vor allem, wenn der Wind dazu auch noch a b l a n d i g bläst,
dann sind Manöver doch fast immer schwer
und so passierte damals … d a s M a l h e u r:
Ein Mann ging über Bord, versank, war plötzlich fort,
derweil das Schiff noch gar nicht fest am Liegeort!
„Alarm! Alarm! Den Rettungsring!", so rief man auf die Schnelle,
doch nur die Mütze trieb noch einsam an der Unglücksstelle.

Man hat den Mann zwar wieder aufgefunden,
jedoch erst nach … so manchen bangen Stunden.
Er war total verkühlt und leichenblass,
dazu am ganzen Körper tropfend nass,
das Wasser lief aus ihm heraus in Strömen,
doch endlich hörte man ihn leise stöhnen.
Danach: Jamaikagrog und Bier und Wein,
das alles ... flößte man ihm reichlich ein!
Und **so** hat er - das war damit auch angestrebt! -
dann letzt- und endlich … doch noch alles überlebt!

Die ALTE LIEBE ist ein ziemlich kleines Boot,
es kam bereits auf Angelfahrt nach Horst in Not:
Die „Hungerpeitsche" raus, schon hat ein Hecht gebissen,
doch leider ist zuletzt die Angelschnur gerissen.
Der Kapitän, ganz nass vom Schweiß und stellenweise nasser,
stieg so ... zum Bad, natürlich unbekleidet, in das Wasser.
Da wurde er - er hatte grad´ nach vorn geblickt -
von diesem Hecht von achtern in den Mors gezwickt!
Des Skippers Blut ergoss sich nunmehr in die Fluten,
trotz striktester Gewässer-Einleitungs-Statuten!

Gereinigt zwar, doch schwer verletzt entkam
der Skipper schließlich wieder auf den Prahm.
Jedoch, anstatt der raffinierten Seehechtskreationen
gab es an diesem Abend nur ... ein Butterbrot mit Bohnen!
So sieht man, dass sogar bei allerkleinster Fahrt
unglaublich schnell und unerkannt Gefahr sich naht.
So ist es denn in unsrem Club ganz unbestritten,
dass dieser gute Mann hat wirklich stark gelitten.
Sogar vom Angelsportverein, vom Steg daneben,
da hat es Beileidsschreiben massenhaft gegeben!"

Die Ausschuss-Runde wurde jetzt ... ersichtlich aufgeregt,
und manches Glas - gereizterweise! - vom Tablett gefegt,
und ein Gemäß, beschleunigend bewegt von starker Hand,
zerschellte unwahrscheinlich heftig klirrend an der Wand!
Der Wirt nahm´s ausnahmsweise mal gelassen,
er konnt´ die Storys selber kaum noch fassen.
Ganz hinten fing jetzt einer an zu schrei´n:
„Das ist nicht wahr, das kann doch gar nicht sein!"
„ So, so! Ihr meint, das soll doch etwas übertrieben sein?
Ihr meint, das sei vielleicht nur eines Seemanns Lust-Latein?

Das weis´ ich rundweg ab, bei meiner Skipper-Ehre!
All das ist wahr, so wie auch meines Glases Leere!"
Nun brach der Sturm erst richtig los - Windstärke 10!
Der Kneipenwirt entfloh … in schnellem Rückwärtsgeh´n,
ein Stuhl flog quer durch Raum und Zeit bis an den Rand,
und einem lief das Blut quer über Arm und Hand.
Ein Ruf: „Die Herrn, die Herrn, ich darf doch bitten!
Was sind denn das für zügellose Sitten?"
Und so ... war dieser Sturm, so schnell wie er sich aufgebaut,
nach überraschend kurzer Zeit schon wieder abgeflaut.

Zwar durch den Blutverlust noch etwas leicht benommen,
auch dieser Ratsherr hatte wieder Platz genommen.
Der Präsident, noch immer dicht umdrängt,
bekam jetzt endlich wieder nachgeschenkt.
Der Pastor war ganz irritiert von all den Dingen,
und ließ sich deshalb gleich zwei neue Flaschen bringen.
Der Bürgermeister neben ihm war fassungslos erregt,
die meisten von den Ratsherrn schwiegen, … tief bewegt.
Der Rest war, … ohnehin betrunken,
längst unter Tisch und Stuhl gesunken.

Als dann der Abend nun zu Ende ging, so gegen null Uhr zehn,
da wollte auch der Präsident zu seinem Schiff im Hafen geh´n.
Den letzten Schnaps zum Dank, ´ne volle Tasse,
den reichte man ihm draußen zur Terrasse.
Doch da! Ihm schien, der Boden bebte wie bei Sturm auf See,
doch unter uns: Er hatte „einen ... fürchterlich im Tee"!
Er schwankte, griff nach rechts zum Sonnschirmständer,
fiel dann nach vorn, quer über das Geländer,
um augenblicklich dort in den Rabatten
den Gastbesuch „bei Morpheus" abzustatten.

So fand man ihn am nächsten Tag: Er war nicht tot!
... Jetzt ist er wieder auf dem Boot!

Epilog und Post Scriptum

So manches, was erzählt bei Bier und Korn,
ist sicher schauerliches Seemannsgarn.
Es ist, wie man so sagt,
ein geistiges Elaborat!
Der Kern ist wahr, doch Einzelheiten sind, wenn Ihr erlaubt,
zumindest übertrieben doch, ... wenn Wahrheit überhaupt!
Indes, man kann dem Ganzen etwas abgewinnen
und den Gedanken auch noch etwas weiterspinnen:
Es ist doch wahr, die Bootsbesitzer sind nicht zu beneiden,
oft müssen sie für dieses teure Hobby schrecklich leiden.
Und deshalb sag ich jedem See- und Fahrensmann:
Pass auf, dass wirklich Schlimmes nicht passieren kann!
Gleichwohl, am Ende sage ich auch dieses Mal
zum Trost und in Ergänzung dessen - post skriptal:

Das Faszinosum an dem Seefahrtshobby ist ganz sicher auch,
das Wagnis einzugeh'n, trotz aller Schmetterlinge tief im Bauch,
bei hohem Seegang, Wind und Wellen, Blitz und Sonnenschein
auf See - und danach stolz am Liegeplatz zurückzusein.
Denn diese forsche Art der kühnen Angstbewältigung
erzeugt das Hochgefühl der wahren Selbstbestätigung!
Und überhaupt, das wirklich Allerschönste dabei ist
der Schmerz, der nach und nach den Körper angenehm verlässt!
Wenn Feuchte, Nässe, Kälte und Verwundung
vergeh'n ... und weichen wohliger Gesundung!

Nach „nass und kalt" - es ist doch unbestritten so -
macht „warm und trocken" jeden echten Skipper froh!
Es ist ein Vorgang, leicht bis mittel alkoholisch unterstützt
mit heißem Grog, der nun so eminent dem Wohlbefinden nützt!
Auf dass man letztlich, ganz am Ende, sagen kann:
Der Schmerz lässt nach, die Glieder werden wieder warm!

Und dann: Was noch ... bereitet uns die allerhöchste Wonne?
Ein Beispiel nur: Wenn achteraus der Untergang der Sonne
wird von der Plicht aus äußerlich und innerlich genossen,
dazu mit Wein, der rötlich schimmert, frohgemut begossen!
Das ist es, was uns vieles lässt vergessen
an Qual und Müh´, mit der man zugesessen!

Doch nun zurück, um die Geschichte abzurunden,
denn: **So** ... hat sie natürlich niemals stattgefunden -
dort bei der großen Schleife an der Eider,
hoch überm Wasser, wo die Eider breiter,
hoch oben über vielen steilen Stiegen,
im Gasthaus „Eiderschleife", schön gelegen.
Sie ist ganz überwiegend völlig frei erfunden,
doch sie bespaßt uns sicherlich für viele Stunden.
Hingegen sollte sie uns wirklich nicht behindern,
hier Durst und Hunger gütlich und gemütlich lindern.
Zur Festbespeisung, ganz nach Wohlfühlrestaurantmanier,
da habe ich für diesen Club, sowie für alle hier
den hoch- und ehrenwerten Wunsch, auf dass er werde wahr!
Für alle: Frohe Weihnacht und ein Frohes Neues Jahr!

Freddy, der verhinderte Bordkater

Ein Kater namens Freddy wohnt bei uns im Haus,
er ist verwöhnt und silbergrau gestreift sein Flaus.
Und dieser Freddy ist es, der - falls es ihm frommt -
so morgens gegen vier ... zu uns aufs Laken kommt.

Den Freddy doch bei uns an Bord schnell eingewöhnen,
das scheiterte jedoch mit grauenvollem Stöhnen!
Allein der Weg zum Boot, das war die allergrößte Hürde,
und dort an Bord zu sein, erschien ihm unter seiner Würde.

Doch hier im Garten dreht er gerne seine Runden,
nicht weit entfernt vom Haus, doch über viele Stunden.
Jedoch wenn er auf den Kollegen trifft von gegenüber,
dann gibt es lauten Krach, Geschrei und manchen Nasenstüber.

Hat er den Hausrevier-Rivalen nicht getroffen,
so ist er dennoch meist durch Matsch und Dreck gekrochen.
Und **so** ... kommt er dann auch ins Bett, das ist ihm ganz egal:
Der Schmuddel geht von selber wieder weg - wie jedes Mal.

Tagsüber liegt der Freddy rum und pennt
und tut, als ob er keinen von uns kennt.
Doch kriegt er mal das kleine Hunger-Bauchgefühl,
schmust er heran, maßvoll dosiert, bloß nicht zuviel!

Doch jedes Futter ist ihm auch nicht immer recht,
so manches scheint ihm manchmal ungenießbar schlecht.
Da rümpft der Freddy seine Nase, übt sich in Verzicht,
und denkt: So nicht mit mir, da speise ich doch lieber nicht!

Ganz recht gedacht! „Amuse-Gueule" wird nun gereicht,
bevor er sich mit vollem Bauch von dannen schleicht,
um auf dem Lieblingsplatz im Garten,
die nächste Speisung abzuwarten.

So sind sie halt, die Katzen, vieles dafür spricht:
Wir sind für sie nur Dosenöffner, und mehr nicht!
Ein Psychologe, einst dazu befragt, der sagte mal:
„Die Hunde haben Herrchen, ... Katzen haben Personal!"

P.S.:

Doch was bezüglich Freddy wirklich schade ist,
das ist, dass man den Freddy dort an Bord vermisst.
So manches Boot ist katzenmäßig auch nicht ohne,
doch das, das kümmert Freddy wirklich nicht die Bohne!

Und kommen wir von langer Fahrt nach Haus,
dann nimmt der Freddy gradewegs Reißaus.
Drei Wochen saß er sehnlichst wartend vor der Tür,
nun sind wir da, doch er verschwindet schnell von hier.

Er ist, man sieht's, verstimmt und sonderbar,
weil man so lange fort gewesen war.
Es kann dann manchmal Stunden oder Tage dauern
bis er der Meinung ist, er könnt' uns wieder trauen.

So ist der Freddy halt, er kennt den Stellenwert,
den er seit eh' und je bei uns im Haus erfährt.
Da nimmt man dann als echter Katzenfreund so manches hin,
denn ohne Katze ... ist das Leben leer und ohne Sinn.

Der Sommertörn

Maasholm - des Morgens 6 Uhr früh an Deck,
die Segel hoch und Schwarz-Rot-Gold am Heck.
Kurs Süd bis auf die Schlei! Hart Backbord dann -
Kurs Ost, Schleimünde Leuchtturm liegt jetzt an!

Der Wind bläst nach wie vor und gut aus West,
die Segel steh´n, der Blister ist gesetzt.
Das Boot zischt los, wie weiland mal die Bundespost.
Voraus die freie See, die Sonne steht in Ost.

Der Kurs liegt an bei ... 98 Grad,
am Steuer steht der Steuerautomat.
Das ist die rechte Zeit für den Kaffee,
aus großem Becher, gut geschützt in Lee.

Der Wind ist angenehm: ... Windstärke 2 bis 3,
der Leuchtturm Keldsnor zieht im Morgenlicht vorbei.
Der Kurs wird danach etwas korrigiert,
in Richtung Fehmarn Belt wird navigiert.

Der Blister ist inzwischen ausgebaumt,
der Wind kommt immer noch aus West und raumt.
Puttgarden-Hafen ist jetzt gut genug in Sicht,
die Sonne steht in Süd, der Skipper in der Plicht.

Der Wind flaut merklich ab, die Segel schlaffen,
wird man das anvisierte Etmal schaffen?
Die Fahrt lässt nach, der Skipper flucht jetzt wie die Pest.
Der Wind ist nur ein Hauch, die Sonne steht in West.

Ein Dampfer zieht recht nah vorbei, der Schornstein raucht;
nur wenig später ist die Sonne abgetaucht.
Das Tageslicht versinkt, es dämmert schon. Am Boot:
Die Lichter sind gesetzt, ... und: Klar bei Echolot!

Die Nacht bricht an, die Segel werden eingenommen,
der Diesel röhrt, das Boot ist schnell in Fahrt gekommen.
Der Leuchtturm Buk wirft seine Kennung weit hinaus auf See,
der Plotter zeigt den Standort an, die Peilung ist o.k.

Voraus ist Warnemünde, seine Feuer zeigen grün,
doch vorher muss das Boot noch durch die große Reede geh´n:
Jetzt Wahrschau! Ankerlieger beiderseits und recht voraus!
Die Ankerboje hier! Und dort: Signal vom Steuerhaus!

Die Warnoweinfahrt wird passiert erst weit nach Mitternacht,
doch achtzig Meilen hat man glücklich hinter sich gebracht.
Die Stadt voraus - so hell, im Wasser spiegelt sich der Schein,
dann legt man Ruder Steuerbord - zum „Alten Strom" hinein.

Tinnitus?

Mein Boot liegt gut vertäut an einem Hafen-Steg,
nur Landschaft ringsumher, und nur ein kleiner Weg
führt her zu diesem herrlich stillen Eiderarm.
Kein Laut, der stört, ... nicht mal ein Feuerwehr-Alarm!

Hoch oben: Vögel ziehen durch die Luft,
man riecht des frisch gemähten Grases Duft.
Bin ganz allein auf weiter, grüner Flur.
Kein Hauch - nur Abendstille und Natur.

Ich lieg entspannt und wohlig sinnend auf dem Moos,
ein dumpfes Brummen hör ich jetzt, was ist das bloß?
Es klingt so rhythmisch monoton, ist das vielleicht ein Tinnitus?
Ein Ohrproblem, das zügig fachärztlich behandelt werden muss?

Ist es vielleicht der Kopf? Brennt mir das Hirn?
Ist es ein Schmerz, ganz vorne an der Stirn?
Was ist das bloß, was irritiert mich da so sehr?
Dann dämmert´s mir – zurzeit ist: WACKEN OPEN AIR!

Zur See und auf den Wellen

Ich bin an Bord nicht unbedingt und nur der Star,
ich komme meistens gut ... mit allen Leuten klar.
Doch jetzt so ganz allein, zur See und auf den Wellen,
da will ich mich der See und deren Seefahrt stellen.

Ich steh am Steuerrad und steure durch die Nacht,
zwar angeleint, doch kalt und einsam ist die Wacht.
Der See ist man bei Nacht viel näher als am Tag,
gespensterhaft vielleicht, doch nicht für den, der's mag.

Nur Finsternis, ein Landwind schiebt das Boot.
Das Buglicht vorne leuchtet grün und rot.
Die See, die bricht sich rhythmisch vorn am Bug.
Die Segel steh'n, der Wind ist gut genug.

Tiefdunkle Nacht, ganz ohne Mond und Stern,
am Horizont ein Schiff, jedoch noch fern.
Die Plicht erhellt das Plotterlicht und das vom Echolot,
und nur noch minimal ist die Geschwindigkeit vom Boot.

So geht die Nacht dahin, ein wenig dämmert's schon.
Das Segeln ist noch immer lautlos, ohne Ton.
Kaum hörbar brechen sich die Wellen vorn am Bug,
drei Knoten läuft das Boot - für diese Nacht genug.

Seemanns-ABC nach Roland B.

Der **A**nker geht beim **A**nkern manches Mal verlor´n.
Das **A**chterdeck vom Schiff, das ist nur selten vorn.
Analverkehr an Bord ... wird an für sich nicht gern geseh´n,
es geht auch nur im Kabelgatt, und dort auch nur im Steh´n.

Der **B**allast ist beim Segelschiff oft viele Tonnen schwer.
Das **B**ilgenwasser allerdings, das müffelt meistens sehr.
Besanschot an! Das heißt an Bord: Das **B**ier ist frei für alle!
Das führt zumeist zur Trunkenheit, doch nicht in jedem Falle.

Das **C**harterboot, das **C**harterboot, das zeigt bei Not
„NOVEMBER **C**HARLY" an und schießt dann hektisch rot.
Das „**C**" als Vitamin ... ist überlebenswichtig.
Die Flagge „**C**" heißt „ja" – und das ist weltweit richtig.

Die **D**amen sind, besonders wenn sie gut gebaut und fraulich,
für die Besatzung stets ... erfreulich und erbaulich.
Das **D**osenbrot hält sich an Bord so manches lange Jahr.
Ich glaube an die **D**eutsche Bank, denn die zahlt aus in bar.

Das **E**cholot, das misst mit Schall die Wassertiefe,
da man sonst schnell ... auf wassertiefe Felsen liefe.
Ein **E**tmal ist, das wissen selbst im Kongo die Giraffen,
tatsächlich nur in 24 Stunden Fahrt zu schaffen!

Die **F**ock ist vorn, und nur bei Mastbruch ziert sie mal das Heck.
Der **F**unker liegt, da arbeitslos, besoffen auf dem Deck.
Der **F**adenwurm jedoch indessen
wird meistens negativ bemessen.

Der **G**rieche kaut am Dattelblatt,
wenn er kein **G**eld für Datteln hat.
Die **G**onokokke sitzt und lauscht,
wie der Urin vorüberrauscht.

Der **H**ahnepot erleichtert sehr, das Wort heißt **H**ahnenpfote.
Der **H**afenmeister liebt das Geld, er bringt nur selten Brote.
Das **H**afenhandbuch ist ... von eminenter Wichtigkeit,
das **H**andtuch sorgt derweil ... für graduelle Trockenheit.

Die **I**nsel ist, ganz generell, vom Wasser eingekreist.
Doch „**I**nstant" ist, wenn's fade schmeckt, was grade man verspeist.
Interessant ist sicher auch - zumindest vom Geschmack,
der **I**ngwer im Kaffee, der bringt den Mann auf Zack!

Frau **J**utta heißt die Hafenmeisterin, man muss sie einfach lieben!
Die **J**ungfern sind bei **J**ungfernfahrt nicht zwingend vorgeschrieben.
Der **J**üttbaum allerdings, der ist dagegen eher selten,
doch zwischen ihm und einer **J**ungfer ... liegen ganze Welten!

Kalkutta liegt am Ganges, das weiß die ganze weite Welt.
Kalfatern ist 'ne Scheißarbeit und kostet scheißviel Geld.
Fliegt dir bei Seekrankheit die **K**otze waagerecht zum Ohr,
dann merke dir: Es weht der Wind mit vollen 8 Beaufort.

Nach **L**uv zu kotzen solltest Du nach Möglichkeit vermeiden.
Nach **L**ee zu kotzen ist o.k. und lässt das Wohlbefinden steigen.
Die Flagge „**L**" heißt „**L**ima", die Bedeutung ist:
„Bleib augenblicklich steh'n, sonst wirst Du angepisst!"

Der **M**orgenschiss, der kommt gewiss,
… auch wenn es erst am Abend ist.

Der Moses ist der jüngste Mann an Bord, das ist bekannt,
es sei denn, er ist nicht an Bord und treibt sich ´rum an Land.

Nordwest-Passage ist meist zugeeist, nur selten ist sie offen.
Das Notrigg ist die letzte Chance, da kann man nur noch hoffen.
Das Nebelhorn, das tutet meist bei schlechter Sicht und Nebel,
der Kapitän bedient dazu ... den Nebelhornbedienungshebel.

Orkan, das ist ein Wind ab Stärke 12, das kann man gut belegen.
Das Oberfeuer ist vom Dienstgrad her dem Unterfeuer überlegen.
Das Oberlicht an Bord ... gibt Licht ganz ohne Strom,
ganz anders ist es allerdings ... in Köln beim Kölner Dom.

Persenning ist die Plane gegen Wind und jedes Wetter.
Der Rum im Tee ist allerdings bei jedem Wetter netter.
Der Plotter ist an Bord inzwischen unverzichtbar,
Penatencreme ist ... an vielen Stellen nutzbar.

Die Qualle durch das Weltmeer segelt,
es quietscht, wenn man im Wasser vögelt.
Die Flagge „Q" zeigt „frei von Quarantäne",
es war jetzt Zeit, dass ich es mal erwähne.

Der Rudergänger steuert Kurs nach Ost,
der Moses klopft im Unterdeck den Rost.
Der Radeffekt ist manchmal ungeheuer,
die Rückwärtsfahrt wird dadurch manchmal teuer.

Scheint dir die Sonne auf das Schwert,
dann machst du sicher was verkehrt.
Doch geht die Sonne auf im Westen,
dann musst du deinen Kompass testen.

Fast jedes Schiff hat ein **T**yphon,
man hört es oft von weitem schon.
Es ist des Schiffes superstarkes Horn,
sein **T**on geht phon-akustisch mehr nach vorn.

Das **U**-Boot fährt ganz überwiegend unter Wasser,
dann wird sein Oberdeck vor lauter Wasser nasser.
Die **V**orspring hält das **V**orschiff an der Mole,
der **V**ollrausch kostet immer reichlich Kohle.

Der **W**etterfunk an Bord, der lügt,
besonders wenn das **W**etter ihn betrügt.
Der **W**alfisch durch das **W**asser fräst,
ihm ist es ganz egal, ob´s oben bläst.

Das **X**ylophon, das **X**ylophon,
das hatte einen angenehmen Ton.
Dann war Erneuerung vonnöten,
schon gingen alle Töne flöten.

Das **Y**psilon kommt vor bei **Y**awl und **Y**acht,
und beides ist mit **Y**psilon, wer hätte das gedacht.
Ansonsten kommt das **Y**psilon kaum vor beim Segeln,
ich glaube fast, man kann das Segeln ohne **Y**psilone regeln.

Die **Z**urrung zurrt, der **Z**eising zeist,
das **Z**wischendeck ist selten mal vereist.
Der **Z**usatztank ist für den **Mo**tor durchaus vorteilhaft,
denn ohne Sprit wirkt jeder **Mo**tor seltsam abgeschlafft.

Motorbootfahrt

Was liegt so seefahrtstechnisch an in diesem Jahr?
Doch Segeln! Oder etwas, was zuvor noch niemals war?
Mal wieder Ostsee, Nordsee, oder etwa sonst noch was?
Eventuell nur **Mo**torfahrt, ganz ohne Segelspaß?

Der Führerschein für Binnenfahrt, bei mir mit inbegriffen,
er gilt ganz ausnahmslos auf Booten und auf allen Schiffen!
So hat es mir am Telefon der **Mo**toryachtverband erklärt:
Er gilt für Buten- und für Binnenfahrt, und er ist nicht verjährt!

Der große Segelmast bleibt diesmal weg,
ein Mast für **Mo**torboot ziert nun mein Deck.
Das Fahrtlicht an dem **Mo**tormast ist auch schon angetackert,
die Segel und der Segelmast sind alle eingelagert.

So geht es los, die Schlei hinab,
der **Mo**tor bringt das Boot auf Trab,
und ohne Aufenthalt passiere ich die Brücken.
Das Wetter ist so schön, die Fahrt muss nur noch glücken!

Schleimünde-Leuchtturm steht backbord querab,
der Wind ist plötzlich da, und zwar nicht knapp.
Der **Mo**tor läuft, der Kurs ist Ost-Süd-Ost.
Die Segel fehlen jetzt! … Na, denn man: Prost!

So geht das nicht, der Wind weht stark und immer stärker,
die See geht hoch, die Wellen werden immer ärger!
Und deshalb nehme ich den Hafen Damp als Zwischenziel,
doch abends klart es auf, um Mitternacht bin ich in Kiel.

06 Uhr früh, die Schleuse Holtenau ist längst passiert,
seit vielen Stunden ist das Boot auf dem Kanal marschiert.
Der Bug zeigt immer noch in Richtung West.
Was mach´ ich bloß mit dieses Tages Rest?

Ich steure ein zur Gieselau, Zeit ist ja reichlich noch,
und will danach auch dieses Jahr die stille Eider hoch.
Dem Schleusenmann, recht gut bekannt, sag ich: „Hallo!"
Dann schleus´ ich durch - das mache ich doch immer so.

Erneut zurück auf dem Kanal, der sich nur wenig windet,
jedoch die Ostsee mit der Nordsee vorteilhaft verbindet.
Brunsbüttelkoog, am Schleusentor, da mache ich jetzt fest,
da Weiterfahrt zur Nacht ... für Boote streng verboten ist.

Dann auf der Elbe, auf dem großen, breiten Strom,
nach Backbord geht´s, die Tide läuft und schiebt enorm.
Wohin? Was ist mein Ziel? Was macht der Elbe-Tidenhub?
Bei Krautsand in die Süderelbe, ... Fahrt mit Tidenschub.

Wischhafen heißt der Ort, ganz nahe bei der Elbefähre,
dort gebe ich dem Freund aus der Marinezeit die Ehre.
Das Trockenfallen ist am Steg bei Ebbe inbegriffen,
doch sitzen wir an Bord und reden von Marineschiffen.

Das Wetter bessert sich, ich lege ab, das war auch Zeit!
Wo kann ich hin? Ist überall der Wasserstand bereit?
Egal, es zieht mich weiter elbeauf, schon früh in Fahrt.
Egal, es geht voran, AK voraus! – Und: Hamburg naht!

Zu Hause spricht man nur von kaltem Sturmgewitter,
doch hier herrscht ringsum traumhaft schönes Sommerwetter.
An Bord, die Stimmung ist so gut und aufgeräumt.
Wie war das noch, wohnt hier nicht auch ein alter Freund?

In Wedel treff ich ihn, die Überraschung ist so schön,
… wir hatten uns so circa 30 Jahre nicht geseh'n!
Doch dieser Aufenthalt war von der Zeit her nicht sehr viel,
schon wieder flott in Fahrt - und Elb-Fahrwasser unterm Kiel.

Hamburg voraus, im Morgennebel unverhofft in Sicht,
die Skyline, völlig ungewohnt, vom Anblick ein Gedicht!
Dann geht es schnell, das feine Blankenese zieht vorbei,
Sankt Pauli, Blohm und Voss, die Elbe teilt sich auf in zwei!

Doch dann voraus, ich sah sie vorher nie:
Die weltberühmte E L B P H I L H A R M O N I E !
So fabelhaft und außerordentlich, doch Spötter sagen gern,
es sei das kostenintensivste Seezeichen in Nah und Fern!

Schon habe ich die Elbe-Brücken durchpassiert,
bin weiterhin die Oberelbe hoch spaziert:
Nach Zollenspieker, Lauenburg, im Sommersonnenschein
nach Bleckede … und steuere zur Nebenelbe ein.

Der Wasserstand bei Dömitz macht mir mächtig Sorgen,
jedoch der Hafenmeister nimmt mir sie am Morgen.
Der Wasserstand ist über Nacht gestiegen und zwar da,
wo er mit 70 Zentimetern grad am flachsten war.

So steht der Weiterfahrt so gar nichts mehr im Wege,
und schnell verlasse ich ... Bleckedes Hafenstege.
Doch ganz genau ist Elb-Fahrrinne zu verwenden,
will man nicht unbedingt ... auf Elbesänden enden!

Durch Dömitz-Schleuse in die Elde eingecheckt,
jedoch die Festung dort hat Wissensdurst geweckt.
So laufe ich sehr interessiert durch Stadt und Feld,
und mach derweilen ... Sightseeing für wenig Geld.

Um 8 Uhr abends geht es an der Schleuse nicht mehr weiter.
Das Boot ist ganz allein, das Wetter unvermindert heiter.
Wie schön, so querfeldein die Elde zu bereisen,
durch Mecklenburg mit seinen 17 Elde-Schleusen!

Tagtäglich mehrfach baden ist jetzt allerhöchste Pflicht,
denn anders geht es ja bei dieser Tropenhitze nicht.
Das Wasser ist so rein ... und fast karibisch temperiert,
bei Einsamkeit, da badet man ganz nackt und ungeniert!

Nach Plau am See, so attraktiv, die Müritz glänzt voraus,
das schöne Waren lass ich selbstverständlich auch nicht aus.
Nach Süd geht nun der Kurs bei tropisch heißer Temp´ratur
quer übern See, doch dann: Die Havel ruft, wo ist sie nur?

In Mirow steht ein Schloss, in Ahrensberg hab ich Termin,
indes nach vielen Schleusen ... bin ich endlich in Berlin.
Schon wieder treffe ich ... hier einen guten alten Freund,
das Wetter ist hochsommerlich, die Stimmung aufgeräumt.

Die Spandau-Schleuse ist passiert und längst vorbei.
Was ist mit Spree? Ist die mir etwa einerlei?
Ich steure ein, ganz kurzentschlossen, ohne nachzufragen.
Doch Hilfsbereitschaft wird gewährt in diesen Sommertagen.

Die Spree ist unrein, doch sie zeigt mir alles, was sie hat:
Den Reichstag und von Bord ... den Blick so anders auf die Stadt.
Museumsinsel hier, und dort die Merkel-Waschmaschine,
und von der Siegessäule lächelt man ... mit holder Miene.

Jedoch so langsam drängt die Zeit. Am Telefon: Es heißt,
man hat für diese Fahrt nur dreißig Tage eingepreist.
Drum Potsdam ausgelassen, so auch Brandenburg, die Stadt.
Jetzt auf der Unterhavelwasserstraße, Landschaft satt!

In Havelberg, der Dom ist auf dem Havel-Berg gelegen,
dann auf der Elbe, und im Nebenarm von Goreleben.
In Boizenburg, da gehe ich zum letzten Male baden,
in Harburgs Segel-Club werd´ ich zum Grillfest eingeladen.

Die mega-große Hamburg-Stadt ... ist längst passiert indessen,
jedoch die Elbe will ... mich noch nicht von der Elbe lassen.
So schickt sie mir, recht unverhofft und ganz zum Schluss,
noch einen Horror-Sturm, zu meinem Höchstverdruss!

Welch Düsternis! Die Wellen türmen sich noch auf der Reede.
Wind gegen Strom! Wer dieses kennt, der weiß, wovon ich rede!
Doch trotzdem habe ich ganz ohne Schaden durchgeschleust,
hernach am Tage 30 ... unversehrt die Schlei erreicht.

Im Jahr danach, noch unterm Eindruck dieser Reise,
war die Entscheidung klar, auf die ich hier verweise.
Der Kartensatz, zum Fest erhalten, klärte das Wohin:
Ostfriesland! Holland! Borkum! Ja, das war mir jetzt im Sinn!

So wurde wieder mal das Boot bestiegen,
sogar der Bruder war mit eingestiegen.
Er wollte nach so endlos langen Jahren
mal wieder See und Seefahrt pur erfahren.

Die Schlei war still, jedoch die Ostsee machte da nicht mit,
so wurde es mal wieder … ein unerwünschter feuchter Ritt.
Der **Mo**tor schob das Boot mit Power durch die raue See,
doch abends war man dann in Kiel und legte an in Lee.

Am Tag darauf war Überfahrt geplant zur Untereider,
gemütlich auf dem NOK. Doch es kam anders, leider!
Bei Sehestedt, der Bruder hatte sich grad retiriert,
da ist, ganz unvorhersehbar, das Unglück dann passiert!

Der Skipper war ein wenig abgelenkt
und hatte grade seinen Blick geschwenkt
und schaute int´ressiert zur Achterleine:
Da fuhr das Boot am Ufer auf die Steine!

Hart Backbord war der letzte Kursversuch,
dann ging das Ruderblatt total zu Bruch!
Der Wellenstahl verformt, das Ruder ruiniert
sowie auf „Lage 30" voll und ganz blockiert!

Für die Besatzung war das jetzt ein Riesenschreck,
doch immerhin: Das Boot, so schien es, war nicht leck!
Die Schraube drehte, offenbar noch schadlos,
jedoch der Kurs ... war unerfreulich planlos!

War das denn nun das Ende dieser Reise,
denn Boot und Mannschaft fuhren nur im Kreise?
Für jedes Schiff ist solch ein großer Schaden tödlich,
denn ohne Steuerung ist Weiterfahrt nicht möglich!

Was macht man nun, so mitten auf dem Kiel-Kanal,
denn häufig fahren Schiffe dort in großer Zahl?
Sie waren allerdings in dem Moment nicht da,
und dennoch musste was passieren, das war klar!

Man kann es ziemlich sicher Glück im Unglück nennen:
Bald konnte man ein Boot auf Gegenkurs erkennen!
Man rief es an, es kam heran, man klärte diese Lage,
das Segelboot war hilfsbereit, es war ein Boot aus Stade.

Die Abschleppfahrt ging mühsam, aber gut nach Westen,
ein Wolkenbruch schien beide Boote auszutesten.
Die Schleppfahrt wurde bis zur Rader Insel hin gewährt,
doch Dank und Dankeswert, das wurde später dann geklärt!

Im Regenguss am Kai „Marina Schreiber" festgemacht,
dann wurde unter Deck ein warmes Feuer angefacht.
Aufgeweicht und aufgelöst vom Unglück und vom Regen,
so konnte man die Schreiber-Chefin zum Verbleib bewegen.

Doch mit der Wärme kamen auch die Kräfte wieder,
und draußen stürzte nach wie vor der Regen nieder.
Instandsetzungs-Konzepte wurden längst gemacht,
bevor die Mannschaft dann nach Hause hin verbracht.

Am Tag danach, die Sonne lachte wieder ungestüm,
da näherte man sich ... erneut dem siechen Bootsgetüm.
Der Plan zur Notreparatur war gründlich ausgedacht,
die Umsetzung dazu, die wurde aber jetzt gemacht.

Das Boot an Land gehoben und solide aufgestellt,
dann wurden Rückverbiegungs-Aktionen angestellt.
Jedoch, die Welle hat sich nicht davon bewegen lassen,
nicht mal mit Kraft, nicht mit Geschick, auch nicht mit Brassen.

Das Boot: Es war am Kran doch grundsolide aufgepallt,
alsdann versuchte man es nun mit Kraft und Kraftgewalt!
Ein Tampen war am Ruder festgezurrt, ... das Auto zog,
die Welle gab jetzt nach, es war die Autokraft, die bog!

Nach ziemlich kurzer Zeit war dieser Schaden so behoben,
hernach perfekte Kunststoffkorrektur, das ist zu loben!
Drei Stunden ungefähr, so alles und in allem,
dann schwamm das Boot erneut, dem Skipper hat´s gefallen!

Minuten später war er wieder voll in Fahrt,
jetzt abzubrechen? Nein! Das wäre viel zu hart!
Des Abends, nun allein an Bord, da machte er schon Pläne,
die Reise wurde fortgesetzt, nur dass ich´s mal erwähne.

Das Boot erreicht nach sturmumtoster Unterelbe-Fahrt,
zuerst Cuxhaven, wo man Freunde angetroffen hat,
danach zur Medem, Hadelner Kanal, dort schlafen,
hernach die Geeste runter, hin bis Bremerhaven.

Darauf die kolossale Weser hoch nach Bremen,
um dort bei alten Kameraden Platz zu nehmen.
Die Fahrt ging weiter über Hunte-Küsten-Hauptkanal
nach Oldenburg und zum Elisabethen-Fehnkanal.

Sechs Schleusen dort - und zur gefälligen Bedienung jener
gab es als Schleusenmeister nur … den **einen** Arbeitnehmer.
Der Mann jedoch, um diese Arbeit pünktlich auszuüben,
fuhr mit dem Mofa nebenher, und das sind keine Lügen!

Danach: Die Leda-Brücke öffnet nicht zur rechten Zeit,
die Tide läuft jedoch seit Stunden schon mit Heftigkeit,
der Anker greift im Modder nicht! Es gibt auch keinen Steg!
Dann eben halt zurück! Doch eine Sandbank steht im Weg!

Sechs Stunden hat der Skipper hoch und trocken zugebracht,
erst abends spät, da war ihm endlich Hilfe zugesagt.
Es war ein Boot, auf Fahrt von Holland hin zur Oder,
ein Mann von dort an Bord … mit einem Sinnesbruder.

Der **Mo**tor lief, man zog ganz fest, mit aller Kraft,
noch vor der Dunkelheit, da war es dann geschafft!
Zur Nachtzeit aber wurde dies Ereignis groß gefeiert,
sogar die nähere Bekanntschaft wurde angeleiert.

Erneut die Leda dann hinab bei möglichst hoher Flut,
auf Außenbahn, wie man es dort auf Tide-Flüssen tut.
Ostfrieslands grüne Landschaft ist so herrlich - aber flach;
das Land liegt tiefer als der eindeichte Leda-Bach.

Die Ortschaft Leer - welch unbeschreiblich schöne Stadt,
die man, im Schutz der Deiche, dort errichtet hat!
Dann auf der Ems, ein überraschend breiter Strom,
schon früh nach Emden hin, das ist des Tages Lohn.

Das Wetter ist ganz superheiß, hochsommerlich,
Delfzijl indes ... nur eine mäßig schöne Pflicht!
Danach zur See, und durch die Fischerbalje läuft man ein,
direkt zum Borkum-Hafen - und zum alten Stützpunkt rein.

Beinah schon 50 Jahre ist es her, und das ist wahr,
dass einst der Skipper als Mariner dort gewesen war,
denn Borkum war der große Minensucher-Einsatzhafen
für See-Einsätze, die das Minensuchen anbetrafen.

So kann man ihm es nicht verdenken, dass er gleich sofort
den Inselzug bestieg und hinfuhr zu dem Borkum-Ort,
um dort vor Ort - am Strand, auf Straßen und auf Wegen -
die schönen Rückerinnerungen auszuleben!

Die Heimfahrt danach aber, nun von Borkum aus,
trotz Umweg über Wilhelmshaven bis nach Haus,
war grandios! Doch erst am Tage 40 dieser Fahrerei,
war man zurück in Fleckeby, im Heimathafen an der Schlei.

Sommersegelsportvergnügen

Der Sommer zeigt sich wieder mal mit schönstem Wetter,
die Lady ist an Bord als Gute-Laune-Retter.
„Ein Hoch!", das melden alle „Meteorolügen",
dann aber los: Die Segel hoch und Kurs nach Rügen!

Jedoch der Wind und seine Temp´ratur erzwingen
an Deck Bekleidung nur mit leichten Sommerdingen.
So kommt die Lady leicht geschürzt, wie sie es mag,
an Oberdeck - an diesem schönen Segeltag.

Die goldgewirkte Kette reicht zum T-Shirtrand,
und ähnlich elegant geschmückt sind Ohr und Hand.
So weilt sie froh und zwanglos auf dem Decksterrain,
im Outfit abgestimmt zum leicht gebräunten Teint.

Die Haare, glänzend, blondgesträhnt und seidenweich,
sind gut beschirmt im Sonnensegel-Schutzbereich.
Die Sonnenbrille, rot und passend zum Profil,
sie unterstreicht noch diesen feinen Sexappeal.

Doch auch ein wohlgeformter Rücken kann entzücken,
zumal wenn ihn so lendenlange Haare schmücken.
Die Schultern sportlich stramm, und gertenschlank die Taille,
auf dass man dort mit aufmerksamem Blick verweile.

Das T-Shirt, knapp und dünn und semi-transparent,
verweht nicht folgenlos im warmen Sommerwind:
Die beiden Brustkonturen profilieren sich,
der Skipper registriert das prompt ... und innerlich..

Lasziv und unwillkürlich schaut sie auf die Uhr,
nicht indiskret, doch lässig zeigt sie die Figur.
Die attraktiven Beine unterhalb der Lenden -
wie mögen die wohl unterm Bade-Tanga enden?

Sie legt sich nieder, reckt und streckt sich, dehnt die Beine.
Der Skipper sagt und schrickt dabei die Großschotleine:
„Du siehst ja heute wieder richtig sexy aus!",
... und bittet sie hinunter ins Kajütenhaus.

Enthüllung dort von einigen der modisch flotten,
exotisch farbenfrohen Strand-Textilklamotten:
Und schon ist man für ein paar halbe Viertelstunden
mal wieder ausgesprochen intensiv verbunden.

Die See ist frei, der Wind ist schwach bis moderat,
am Steuer steht derzeit der Steuerautomat.
So wie es scheint, auch diese Segelfahrt nach Rügen
ist wieder mal ... ein Sommersegelsportvergnügen!

Eiderwasserstraße

Viele Skipper befahren wie ich die Nord- und Ostsee und somit auch den dazwischen liegenden Nord-Ostsee-Kanal. Aber die Eider, genauer gesagt: die Untereider, ist den wenigsten bekannt. Vor allem die Stille und Abgeschiedenheit des tideunabhängigen Flussbereichs zwischen der Schleuse Gieselau und der Absperrung Nordfeld machen den ganz besonderen Reiz aus, den sich jeder Skipper einmal gönnen sollte. Hier zu ankern oder an einem der kleinen Hafenstege eine ruhige Nacht zu verbringen, das ist ein lohnenswerter Tipp. Aber auch die bei Nordfeld beginnende Tide-Eider, die von dort – an den interessanten Stadtdenkmälern Friedrichstadt und Tönning vorbei – bis in die Nordsee führt, ist mehr als nur eine Schifffahrtsstraße. Alle, die ein offenes Auge haben, werden hier bereits den herben Charme der Nordsee wahrnehmen.

Die Eiderschifffahrtsstraße beginnt am Nord-Ostsee-Kanal bei Kilometer 40 und mündet nach etwa 92 km beim großen Eidersperrwerk Vollerwiek in die Nordsee. Es sind bis dahin 4 überwiegend der Sicherheit und der Entwässerung dienende Schleusen und 4 Brücken zu passieren. Da die Durchfahrt gut organisiert ist, sind die Wartezeiten – vielleicht einmal von der Eisenbahnbrücke Friedrichstadt abgesehen – sehr kurz. Die Wassertiefe beträgt etwas mehr als 2,50 m, und alle Brücken sind beweglich, sodass die Eider auf ganzer Länge mit stehendem Mast befahren werden kann.

Leider gibt es seit dem Rückgang des gewerblichen Schiffsverkehrs Überlegungen, diese schöne Wasserstraße zu schließen. Jeder, der jetzt die Eider befährt, hilft mit, dies zu verhindern.

Der Autor